LE POSITIVISME

ET

LA REVUE DES DEUX MONDES

LETTRE A M. FAGUET

PAR

LE DOCTEUR G. AUDIFFRENT

L'un des exécuteurs testamentaires d'Auguste COMTE.

PARIS

PAUL RITTI, LIBRAIRE

76, Avenue du Maine, 76

—

1895

LE POSITIVISME

ET

LA REVUE DES DEUX MONDES

LE POSITIVISME

ET LA

REVUE DES DEUX MONDES

M. Emile Faguet a consacré, en juillet et août derniers, dans la Revue des deux Mondes, deux articles à Auguste Comte. Il y a un peu moins d'un demi-siècle, qu'un éminent professeur de l'une de nos facultés du midi, annonçait à son petit entourage, avec une sorte de satisfaction, que M. Caro, dans la même Revue des deux Mondes, venait d'enterrer définitivement et le Positivisme et son fondateur. Les deux articles de M. Faguet nous montrent que les idées ont depuis lors changé dans la corporation dont il fait si brillamment partie. Je n'en veux pour preuve que le passage suivant par lequel il termine son dernier article. « C'est quelque chose surtout que de faire penser et Auguste Comte est merveilleux pour cela ; c'est le semeur d'idées et l'excitateur intellectuel le plus puissant qui ait été en notre siècle ; le plus grand penseur, à mon avis, que la France ait eu depuis Descartes ». M. Faguet reconnaît en outre que l'influence d'Auguste Comte a été immense en notre siècle. « Adopté, dit-il, presque entièrement par Stuart Mill ; s'imposant, quoiqu'il ait dit, à Spencer, ou, comme il arrive, coïncidant avec lui et s'engrenant à lui d'une manière singulièrement précise ; dominant d'une façon presque tyrannique, la pensée de

Renan, en ses premières démarches, comme on le voit dans *l'Avenir de la Science ;* inspirant presque dans ses détails l'enquête philosophique, historique et littéraire de Taine ; se combinant avec l'évolutionisme, qui peut être considéré comme n'en étant qu'une transformation, son système a rempli toute la seconde moitié du XIXe siècle, et on l'y rencontre ou tout pur, ou à peine agrandi, ou légèrement redressé, ou peu altéré, à chaque pas que l'on fait dans le domaine de la pensée moderne. Il a rendu d'éclatants services à l'esprit humain ».

Il y a quelques années, un des plus éminents disciples d'Auguste Comte, en villégiature à Naples, faisait la connaissance d'un jeune professeur de l'une de ses facultés. Au pays du soleil, sous les feux du Vésuve, on se lie facilement. La conversation devait inévitablement tomber sur le Positivisme. Tout ce qui s'écrit de nos jours, dans le monde scientifique, philosophique, littéraire, lui dit sa nouvelle connaissance, porte l'ineffaçable empreinte d'Auguste Comte, qu'on cherche souvent, mais vainement à déguiser. N'est-ce point ce que vient de dire M. Faguet, sous une autre latitude.

Je crois les deux professeurs, aussi sincères l'un que l'autre dans leurs affirmations. Mais d'où vient, peut-on se demander, qu'avec de pareilles convictions, ils soient restés en dehors du mouvement positiviste, qu'on ne les compte pas aujourd'hui parmi les plus militants, ou tout au moins parmi les expectants. La réponse à une telle question est facile à trouver. Il ne faut la chercher ni dans leur dépendance officielle, ni certes dans une insuffisante élévation d'esprit. M. Faguet, comme d'ailleurs son jeune collègue de Naples, se trouve placé, ainsi que tant d'autres, à un point de vue essentiellement intellectuel et le professorat, s'il n'a pas étouffé les élans du citoyen, les a certainement contenus. Quoique chargé de l'enseignement des lettres, confiné dans le domaine spéculatif, il n'a vu du Positivisme que son préambule scientifique ou philosophique et son couronnement, à la fois esthétique et social, lui a entièrement échappé.

Cependant il faut féliciter M. Faguet de n'avoir pas méconnu, à l'exemple de tant d'autres, l'unité de l'œuvre et de la vie du grand philosophe. Dès ses premiers pas dans la carrière philosophique, c'est la nécessité d'un nouveau pouvoir spirituel qui frappe le novateur adolescent. C'est aux savants, qu'il croit les plus aptes à exercer un tel office, qu'il s'adresse. Aux sentiments, comme aux pensées, sent-il déjà, il faut un aliment et une direction, que ne sauraient fournir ou exercer les anciennes autorités, désormais déchues de tout crédit auprès d'une société qui ne marche plus depuis longtemps qu'en vertu de la vitesse acquise. Il fut ainsi conduit à consacrer résolument la séparation, qu'institua le catholicisme, entre le spirituel et le temporel. Quoique le mot n'ait été prononcé que plus tard, c'est la fondation d'une religion qu'il a en vue. C'est à la science s'élevant à la dignité philosophique, par la découverte des grandes lois qui président à la marche de nos conceptions quelconques, qu'il va demander les dogmes de l'avenir.

M. Faguet nous semble avoir compris par quel entraînement le jeune philosophe s'approcha de Saint-Simon. Trop jeune, trop inconnu encore pour oser marcher seul, c'est à celui qui rêve vaguement une transformation sociale, qu'il s'adresse naturellement. Deux natures aussi opposées par leur préparation et leur organisation cérébrale, ne pouvaient marcher longtemps d'accord, s'ils l'ont été un moment sur le but à atteindre. Ce qu'on n'a pas compris, c'est que cet homme, qu'on accuse de tant d'orgueil, était la nature la plus vénérante, la plus disposée au respect qui existât. Il l'a dit plus tard, c'est après avoir vainement cherché un chef, que je me suis décidé enfin à le devenir moi-même. Cet orgueil qu'on lui reproche n'a-t-il pas toujours été tempéré par le plus noble sentiment social et et une inépuisable bonté. Plus tard, quand sa théorie cérébrale lui a révélé les véritables conditions de l'unité humaine, il l'érigera en stimulant nécessaire chez les natures destinées au commandement et au conseil. Chez elles seules il est légitime, chez les autres c'est une infirmité qui doit être contenue et qui peut devenir funeste à la moralité commune, comme on le voit en nos temps troublés. Saint-Bernard n'a-t-il pas dit qu'on ne peut rien faire de grand si l'on n'a le sentiment de la valeur. Ce sentiment le jeune philosophe pouvait-il ne pas l'avoir. Le public scientifique de son temps, encore pénétré des grandes aspirations du XVIIIe siècle, qui honora de sa présence ses premiers cours, n'avait-il pas reconnu et accepté sa supériorité ?

M. Faguet a quelques paroles assez malsonnantes, qui déparent son travail, lorsqu'il parle de la naïveté du grand novateur. La naïveté du génie, a dit notre grand historien national, M. Michelet. Telle est la carastéristique, en effet, de celui qui, par la supériorité tant morale qu'intellectuelle de son organisation, est porté naturellement à s'élever au dessus de son milieu. Dans nos appréciations, dans nos jugements quelconques, il faut toujours se conformer à cette grande loi de philosophie première qui enjoint de faire l'hypothèse la plus bienveillante et la plus simple, conformément à l'ensemble des renseignements acquis. La rouerie, qui est l'opposé de la naïveté, est-elle compatible avec une véritable supériorité morale ou intellectuelle. Pour être un peu plus lentes dans la connaissance de ceux avec lesquels elles sont en rapport, les natures vraiment supérieures n'arrivent-elles pas plus sûrement à porter sur eux des jugements exempts de partialité, en procédant conformément aux exigences de la saine logiqne, qui doit toujours s'inspirer du concours des sentiments et des pensées. Si M. Faguet avait vécu dans l'intimité du grand homme, il eût reconnu que, fidèle à sa règle logique, qui fut spontanément et toujours appliquée par lui à tous les âges de sa vie, il a sainement jugé des hommes et des choses lorsque les renseignements lui arrivaient. Pour être parfois longtemps différés, ses jugements, qui étaient le plus souvent sans appel, se trouvaient ordinairement confirmés par l'évènement.

M. Faguet ne s'est pas élevé au dessus de l'opinion commune lorsqu'il a parlé du style d'Auguste Comte. Son style fut celui qui convenait à la matière. C'est le style scientifique qu'il a transporté en quelque sorte dans le domaine social et moral, où, nous osons le dire, il ne fut jamais usité avant lui, en lui conservant ses grands caractères, de réalité, de certitude, de précision et de relativité. Sous ce rapport il fut encore véritablement créateur. Conformément au jugement que portait le grand philosophe de l'antiquité, sur le brillant discoureur chez lequel il ne pouvait voir, disait-il, ni le philosophe, ni le poète, nos littérateurs modernes auxquels ce jugement pourrait être appliqué, étaient incapables de reconnaître que, même sous le rapport du style, Auguste Comte fut aussi un novateur. Tout en reconnaissant les remarquables qualités de style du professeur universitaire, nous osons dire qu'il faut être déjà initié au Positivisme pour arriver, d'après son exposition de la marche de l'évolution humaine, à la conviction, qui ne peut naître dans les esprits que lorsque l'abstraction scientifique a déjà préparé à la synthèse finale, c'est à dire lorsque le travail analytique nous permet de nous élever à des vues d'ensemble.

M. Faguet fait à la théorie historique d'Auguste Comte le reproche de ne s'appliquer qu'à l'Occident. Si, avec ses attenances, le bassin de la Méditerrannée, unique dans son son genre et sa constitution, fut si favorable à l'évolution normale de l'Humanité, on ne constate pas moins des ébauches de cette évolution sur tous les points de notre planète. Si elles furent contenues, ou si elles avortèrent, on ne trouve pas moins en elles toutes les manifestations des grandes lois qui président au développement de nos conceptions quelconques. Le caractère, essentiellement concret, qui fut aussi celui que l'on constate dans les premiers pas de l'évolution occidentale, ne s'est maintenu jusqu'à nos jours dans les antiques civilisations de l'Orient, que faute d'un degré suffisant d'abstraction, qui n'a pu se manifester qu'en des conditions spéciales et exceptionnelles. Si M. Faguet s'était mieux nourri de la lecture du dernier volume de la Politique positive, il eût vu qu'un chapitre y est consacré à l'institution de missions systématiques, destinées à amener graduellement les attardés, fétichistes, polythéistes, et même monothéistes au Positivisme final.

M. Faguet a consacré dans son premier article quelques

belles pages à la liberté spirituelle. Il est certain, comme l'a dit Auguste Comte, qu'elle ne saurait exister dans le domaine scientifique où tout se trouve soumis à d'immuables lois. Il n'y a pas plus de liberté de penser en sociologie, qu'en astronomie, en physique, en chimie. Les premiers écrits du grand philosophe contiennent un admirable article sur les opinions et les désirs. Nous avons tous des désirs, mais qui peut se flatter rigoureusement d'avoir des opinions. Quoi qu'il en soit, M. Faguet a parfaitement compris que dans le cours de la transition moderne, qui dure déjà depuis cinq siècles, la liberté de penser et même d'écrire s'imposait pour sortir du cercle étroit où nous enfermait la dernière phase théologique. En proclamant la liberté de penser, le protestantisme devait implicitement admettre l'égalité des intelligences et consécutivement l'égalité sociale, d'où surgit dans la dernière phase révolutionnaire le dogme de la souveraineté du peuple, qui domine encore notre constitution républicaine. Quelle serait la liberté de la pierre qui tombe, si elle pouvait avoir une volonté, a dit Auguste Comte, si ce n'est de se conformer aux lois qui régissent la chûte des corps. L'argumentation de M. Faguet à propos de la liberté, aurait eu plus de précision s'il y avait apporté plus de rigueur scientifique.

En terminant son dernier article M. Faguet se laisse aller à une dissertation difficile à suivre. Son esprit se montre encore tout imprégné des vieilles habitudes ontologiques, dont il est à craindre, qu'il ne se débarrassera jamais.

L'œuvre d'Auguste Comte ne peut être étudiée que dans Auguste Comte lui-même. Aucun des comptes rendus qui ont été publiés ne saurait y suppléer. Je ne fais d'exception pour aucun de ses disciples et je suis même le premier à reconnaître que la notice que j'ai écrite à propos de la célébration du centenaire de la fondation de l'École polytechnique ne peut en donner qu'une insuffisante idée, malgré tout le soin que j'y ai apporté. M. Faguet ne me semble pas avoir toujours remonté à l'œuvre originale dans ses appréciations. Il n'en connaît pas certainement le couronnement. En discutant, à la fin de son second article, la loi des trois états, il nous montre qu'il n'en a pas saisi toute la portée philosophique. Il a ainsi confondu l'état métaphysique, par lequel passent tous les esprits, dans l'exploration des divers domaines naturels, lorsqu'ils doivent s'élever à l'état positif, ou en se dégageant de l'état théologique, avec la période métaphysique de l'évolution humaine. C'est le Dieu spiritualisé ou le phénomène généralisé, a dit Auguste Comte de toute entité métaphysique, suivant qu'on est plus rapproché de l'état théologique, ou de l'état scientifique. C'est, en effet, la marche que suit l'entendement humain dans ses conceptions quelconques. A l'influx de la planète, primitivement divinisée, succèdent ses propriétés, avant qu'aient pu se manifester à notre esprit les lois qui président à son évolution. Auguste Comte consacre à la métaphysique la dernière phase théologique, où l'esprit théologique est déjà presque épuisé. Il y est pleinement autorisé puisque c'est là que règne souverainement l'abstraction. A ce propos qu'on nous permette de rappeler sous quelle rédaction fut plus tard présentée la succession des diverses phases de notre évolution. D'abord provisoire, dit-il, elle fut ensuite transitoire, pour devenir enfin préparatoire. Cette rédaction, en tout conforme à l'esprit qui présida à la première, en montre plus explicitement la destination historique. La phase scientifique ne saurait être ici considérée comme définitive, elle n'est comme les deux autres qu'un acheminement vers l'état finale de la pensée humaine. La science, par sa nature essentiellement analytique, ne peut être, en effet, que préparatoire ; la qualification de positif ne peut convenir qu'à un état synthétique où l'analyse se subordonne à la synthèse, ce que la science en général a presque toujours, sinon toujours méconnu.

Si M. Faguet s'était mieux pénétré de l'esprit et de la généralité de cette grande loi des trois états, il n'eût certes pas écrit : « Une partie de son système historique (c'est Auguste Comte qui est ici désigné) qui marque bien ce que tout son système a d'hypothétique et de factice, c'est ce qui concerne le prétendu état métaphysique ». Si le littérateur a pu exposer avec un certain *brio*, dans son premier article, l'histoire de l'évolution humaine, dans son argumentation finale, j'ai le regret de le dire, il ne montre qu'une faible puissance logique, surtout quand il cherche à montrer ce qui lui semble constituer des lacunes ou des imperfections dans l'œuvre qu'il analyse. « De même, dit-il, il (Auguste Comte) reproche aux métaphysiciens leurs finalités et il a la sienne : c'est le progrès. Il croit que les lois de l'évolution ont un but, et ce but il le connaît, c'est le progrès, non pas indéfini, il n'y croit pas, mais le progrès se prolongeant d'une façon qui le fait paraître à nos yeux comme devant être indéfini. Voilà la grande cause finale de la nature...... Le progrès devait exister et c'est pour cela que l'homme a passé par le fétichisme, par le polythéisme, etc. ». Nous ne pouvons féliciter

M. Faguet d'avoir écrit cela. Voilà le progrès érigé par lui en entité, en cause finale. Si l'éminent professeur avait des études mathématiques, une comparaison lui ferait comprendre ce qu'il n'a pas saisi. Qu'il se représente l'évolution humaine, et en général tous les perfectionnements dont notre nature est susceptible, comme représentée par une courbe ascendante tendant vers une ligne droite qui la limite dans un sens, dont elle se rapproche toujours sans pouvoir l'atteindre, ou pour parler le langage des mathématiciens qu'elle n'atteint qu'à l'infini. S'il se pénètre bien de cette comparaison il se rendra compte de ce qu'est le véritable progrès, qu'Auguste Comte a pu définir, le développement de l'ordre. L'ordre, si vous le voulez bien, sera la relation d'égalité, qui existe entre certaines données, en d'autres termes, l'équation, dont la suite des solutions successives, c'est-à-dire la courbe elle-même qu'elle représente, constituera par une marche toujours ascendante l'image du véritable progrès, qui n'aura ainsi d'autre limite que l'asymptôte rectiligne qui n'est atteinte qu'à l'infini.

Nous avons dû passer successivement dans nos conceptions quelconques par le fétichisme, le polythéisme, etc., parce que notre cerveau, mis en rapport avec le dehors, ne comporte pas d'autres développements. Que vous appeliez cela causalité, je ne m'y oppose pas, mais cette expression se trouve par vous détournée de son acception première.

Où **M.** Faguet a-t-il jamais vu que les hommes revenus de toutes les illusions théologiques, se sont écriés, le monde est immoral, il n'a aucun sentiment de justice et de bonté, qu'ils sont les seuls êtres moraux de l'univers. Le matérialiste le plus grossier lui-même n'a jamais dit cela. Il a pu chercher à absorber l'un par l'autre les divers domaines scientifiques, les plus élevés par les moins élevés, mais sans attacher aucune idée de moralité ou d'immoralité à l'universalité des êtres. Le positiviste, dit-il encore, ne réussit pas dans la conciliation de la morale et de la physiologie et il y réussit de moins en moins. Nous ne le suivrons pas dans tout ce qu'il dit à ce sujet. Il dépare par sa dissertation tout ce qu'il a pu dire de remarquable dans son travail. Nous ne pouvons, en effet, le comprendre lorsqu'il s'écrie : « La morale fondée sur l'instinct social est bonne, sans doute, parce que la morale dès qu'elle redevient humaine redevient bonne, mais combien incomplète. La socialité est meilleure maîtresse de moralité que le naturalisme, mais pas excellente ; la société est moins immorale que la nature, mais elle n'est pas d'une moralité très haute. Ce n'est pas à considérer les hommes, à les étudier qu'on apprend à être d'une très pure vertu. N'a-t-on pas remarqué que la vie de société affine l'esprit et corrompt le cœur ? » Qu'est-ce que tout cela peut vouloir dire ? Ce n'est pas évidemment dans Auguste Comte que l'éminent professeur a étudié le Positivisme. Science de l'homme, la morale se donne pour but de déterminer les conditions de l'unité humaine et son problème se réduit à une formule bien simple : subordonner la personnalité à la sociabilité en vue de l'Humanité. Pour s'éclairer et se diriger vers cet éternel but, elle prend à son service tout le savoir humain et toutes les sciences en deviennent ainsi les prologomènes naturels. Comme art la morale se propose de maintenir cette unité, dont les conditions ont été déterminées et de la reconstituer lorsqu'elle a été troublée. Ainsi conçu, c'est l'art gouvernemental lui-même. Autant est précise la pensée positiviste ainsi présentée, autant est confuse, contradictoire même, celle qu'expose l'éminent professeur.

Nous le répétons, il ne s'est pas assez pénétré de l'esprit et de la tendance de la grande œuvre, qu'il place néanmoins au dessus de tout ce qui a été dit ou écrit dans cette seconde moitié de siècle. Il nous en convainc quand il arrive à nous dire que lorsqu'Auguste Comte transforme la morale en religion, cette religion de l'Humanité est un retour inconscient à l'esprit théologique. « Un être permanent, éternel, producteur de moralité, semblable à l'homme et meilleur que lui et modèle à imiter pour l'homme, c'est précisément ce que l'homme adore à l'état théologique ». M. Faguet, on le voit bien, ne s'est pas encore élevé à la notion de l'Humanité. L'ensemble continue des êtres convergents, telle est la définition que donne le novateur du nouveau Grand-Etre qui devient ainsi l'objet continu et permanent de toute adoration.

Si l'homme dans la phase théologique a pu créer son Dieu, qu'y a-t-il de commun entre cette première création et la conception de ce grand-Etre, dont la réalité et l'existence se manifestent et s'accusent à chaque instant de la vie par ses produits, dont l'homme moral, dégagé des étreintes de l'animalité, est le plus élevé. Hors de l'Humanité, l'homme n'est plus qu'une froide abstraction, qui n'a d'existence que dans le cerveau d'un métaphysicien. C'est par la reconnaissance envers nos prédécesseurs que l'amour et la foi, éléments nécessaires de tout état religieux, peuvent désormais se concilier. C'est par cette reconnaissance que nous pouvons nous élever à la notion de l'Humanité, c'est par cette reconnaissance que nous pouvons être intéressés à la bien connaître, et que nous nous trouvons toujours disposés à l'aimer. Nous sommes forcés de le dire, la grande œuvre contemporaine dont M. Faguet a parlé en termes si élevés ne lui est donc qu'incomplètement connue. On s'en convaincra davantage en en montrant le couronnement, dont l'éminent littérateur n'a pas dit un seul mot.

Pour les lecteurs de M. Faguet, nous nous laisserions volontiers aller à la tentation de leur montrer ce couronnement. C'est là qu'est tout le Positivisme ; c'est là qu'il apparaîtra sous son vrai jour et dans tout son épanouissement, à nos descendants, tous affranchis de l'absolutisme théologique, métaphysique ou même scientifique. L'absolu existe encore dans la science, aussi bien que dans la théologie et la métaphysique. Le savant n'est-il pas, en effet, dans l'absolu quand il cherche encore un principe assez général pour en faire découler tous les autres. Mais céder ici à la tentation ce serait sortir des limites que nous nous sommes assignées en acceptant de parler du remarquable travail de M. Faguet. Le Positivisme, dirons-nous, n'est point ce qu'un vain peuple pense. Notre génération qui est tout imbue de sa mauvaise préparation ontologique n'a pu encore en connaître que les prolégomènes naturels ; l'œuvre dans son immensité lui échappe encore. Remercions néanmoins M. Faguet d'en avoir parlé en des termes si élevés. La conspiration du silence est depuis longtemps rompue. Il est cependant des obstacles qui s'opposent à la libre propagation du dogme de l'avenir, c'est l'absence de la vraie liberté, de la liberté spirituelle, qui n'existera que lorsque l'État, s'enfermant dans ses véritables attributions, renoncera à nous imposer une religion, un enseignement, une science officielle. Il faut pour cela qu'il supprime les budgets affectés à l'entretien de la triple institution due au génie aussi rétrograde qu'oppressif du premier des Bonapartes. Jusqu'alors le Positivisme de plus en plus réclamé par les exigences d'une situation qui s'aggrave chaque jour davantage restera condamnée à marquer le pas, malgré sa lente diffusion chez certains esprits.

Docteur AUDIFFRENT

Marseille, 89, rue Breteuil.

Sauveterre-de-Guyenne. — Imp. Henri Larrieu.

9 782019 237776